Sieglinde Holl

W0400702

Die Tiere des Waldes

Fensterbilder aus Tonkarton

frechverlag

Von Sieglinde Holl sind bereits viele Bücher zum Thema „Basteln mit Tonkarton" erschienen. Hier eine Auswahl:

TOPP 1640

TOPP 1728

TOPP 1731

TOPP 1676

TOPP 1124

TOPP 1515

Fotos: Claus Iden
Zeichnungen: Richard Knecht

Materialangaben und Arbeitshinweise in diesem Buch wurden von der Autorin und den Mitarbeitern des Verlags sorgfältig geprüft. Eine Garantie wird jedoch nicht übernommen. Autorin und Verlag können für eventuell auftretende Fehler oder Schäden nicht haftbar gemacht werden. Für eine Verbreitung des Werkes durch Film, Funk und Fernsehen, Fotokopien oder Videoaufzeichnungen, sowie für eine gewerbliche Nutzung der gezeigten Modelle, ist eine Genehmigung oder Lizenz des Verlags erforderlich. Das Werk ist urheberrechtlich geschützt nach § 54 Abs.1 und 2 UrhG.

Auflage: 6. 5. 4. 3. 2. 1. | Letzte Zahlen
Jahr: 1998 97 96 95 94 | maßgebend

ISBN 3-7724-1772-8 · Best.-Nr. 1772

© 1994

frechverlag GmbH + Co. Druck KG, D-70499 Stuttgart
Druck: Frech-Verlag GmbH + Co. Druck KG, D-70499 Stuttgart

Ohne Tiere ist unsere Welt ärmer. Wir (miß-)brauchen Tiere und müssen sie vor uns selbst schützen.
Es gibt viele Möglichkeiten, Tieren zu helfen, hier nur einige Beispiele:
Achten Sie auf Tiere beim Autofahren – zu viele Igel werden auf unseren Straßen getötet. Auch bei Krötenwanderungen kann jeder helfen. Seien Sie aufgeschlossen, aber auch zurückhaltend gegenüber Tieren. Rehkitze, die von Menschen berührt wurden, werden von der Mutter verlassen.
Genießen Sie die Natur: Wie schön hört sich das Quaken der Frösche an den Teichen an! Oder haben Sie schon einmal einen Fischreiher gesehen, wie er durch die Gewässer stolziert und nach Fischen Ausschau hält? Sehr selten sind die Hirschkäfer geworden. Eichhörnchen sieht man oft im Park; viele sind ganz zutraulich und kommen nah an die Menschen heran. Vor einer Ringelnatter brauchen Sie nicht zu erschrecken, da diese ungiftig ist. Auch wenn der Maulwurf in Ihrem Garten lästige Haufen macht: fangen Sie ihn, wenn überhaupt, lebend, und bringen Sie ihn aufs Feld, denn er ist ein nützliches Tier.
Informieren Sie sich über unsere heimischen Tiere, damit Sie ihre Lebensweise besser verstehen. Geben Sie Ihr Wissen an Ihre Kinder weiter, während Sie gemeinsam diese Fensterbilder basteln.

Viel Freude beim Basteln und Lesen wünscht Ihnen
Ihre Sieglinde Holl.

Material und Werkzeug

Tonkarton in vielen Farben
Filzstifte in Weiß, Schwarz, Braun und Hellgrün
Klebstoff
Cutter
Silhouettenschere
Glasplatte, dicker Karton oder Linoleum als Schneidunterlage
doppelseitiges Klebeband

Das Ausschneiden

Wenn Sie das Motiv mit Hilfe eines Cutters und einer Glasplatte als Unterlage ausschneiden, werden die Konturen ganz exakt und glatt. Es ist aber auch möglich, auf Linoleum oder festem Karton auszuschneiden. Bei zu vielen Schnittstellen sollten Sie den Karton auswechseln. Werden die Schnitte nicht mehr glatt, ist die Klinge stumpf und sollte gewechselt werden.

Halten Sie das Messer wie einen Füllfederhalter, und beginnen Sie locker und zügig zu schneiden. Arbeiten Sie immer von innen nach außen, d.h.: erst die Innenschnitte anfertigen, dann folgt die äußere Kontur. Falls Sie die Bilder beidseitig arbeiten möchten, was schöner aussieht, müssen Sie alle Vorlagen zweimal ausschneiden.

Sie können die Teile natürlich auch mit der Schere ausschneiden. Am besten eignen sich Silhouetten- oder Nagelscheren, damit können die Rundungen gut geschnitten werden. Schneiden Sie mit der Schere langsam und gleichmäßig, so daß keine Ansatzstellen zu sehen sind. Sie können die Kleinteile, die aufgeklebt werden, auch aus Tonpapier ausschneiden, da sie keine Stabilität brauchen und mit der Schere besser zu schneiden sind als Tonkarton.

Füchse

Die Farbe seines Fells paßt sich seinem Lebensraum an; sie schwankt zwischen gelblich und tiefrot. Der Fuchs hat eine schwarze Fußzeichnung und eine weiße Schwanzspitze. Er macht Jagd auf Mäuse, Kaninchen und Ratten. Er lebt in lichten Wäldern und im Buschland. In der Dämmerung verläßt er seinen Bau und geht auf die Jagd. Füchse sind Einzelgänger, nur in der Paarungszeit suchen sie sich einen Partner. Nach 56 Tagen werden vier bis zehn Welpen geboren, die zunächst blind sind. Nach einigen Wochen verlassen die kleinen Füchse den Bau und werden zu nächtlichen Beutezügen mitgenommen.

Material

Tonkarton, dunkelbraun, schokobraun, weiß, schwarz, orange, olivgrün, grau
Lack- oder Filzstift, schwarz, weiß
Klebstoff

Übertragen Sie alle Einzelteile des Modells vom Vorlagenbogen auf den Tonkarton, und schneiden Sie diese aus. Hinter das orange Fuchsfell (durchgezogene Linie) werden der weiße Bauch und die Schwanzspitze (jeweils gestrichelte Linie) geklebt. Die Füße werden von hinten befestigt, beim liegenden Fuchs wird die rechte Vorderpfote von vorne fixiert. Ebenso wird das orange Kopfteil (durchgezogene Linie) auf das weiße Teil (gestrichelte Linie) geklebt.

Die Ohren werden vorne befestigt, die Schnauzenteile von vorne bzw. von hinten. Beim stehenden Fuchs das Ohr von hinten fixieren. Die Augen und Schnauzen können Sie auch mit schwarzem Lack- oder Filzstift aufmalen. Auf dem Baumstumpf (durchgezogene Linie) wird das olivfarbene Moosteil befestigt, dann der liegende Fuchs. Der andere wird an den Vorderpfoten am Baumstumpf fixiert.

Eichhörnchen

Das Eichhörnchen ist ein Baum- oder Bodenbewohner. Sein Schwanz ist körperlang und buschig. Meistens ist es fuchsrot, aber es gibt auch braunschwarze Tiere mit heller Unterseite. Eichhörnchen leben in Wäldern und Parks und machen kugelige Nester im Stamm- oder Kronenbereich der Bäume, die Kobel heißen. Sie ernähren sich von Samen, Pilzen, Beeren und Nüssen. Da es keinen Winterschlaf hält, legt es Wintervorräte an. Es bekommt im Jahr zweimal Junge, zwischen drei und acht Stück.
Habicht, Uhu und Marder sind die Feinde des Eichhörnchens.

Material
Tonkarton, helloliv, dunkelbraun, mittelbraun, rotbraun, lachs, orange
Lack- oder Filzstift, schwarz, weiß
Klebstoff

Pausen Sie die Figuren und das Nest vom Vorlagenbogen ab, und übertragen Sie sie auf Tonkarton. Nach dem Ausschneiden werden die Bauchteile sowie Vorder- und Hinterpfoten von hinten am Körper (durchgezogene Linie) befestigt. Auf die Vorderseite kleben Sie die Innenohren, Schnauzen und Augenteile. Die Lichtreflexe in den Augen können Sie mit Filz- oder Lackstiften einmalen. Zwei Eichhörnchen werden vorne am Bau befestigt, das dritte schlüpft aus dem Loch.

Feldmaus

Die Feldmaus ist das häufigste heimische Säugetier. Sie hat ein bräunliches bis gelbgraues Fell, das auf der Unterseite weiß gefärbt ist. Feldmäuse leben auf Feldern und Wiesen oder im lichten Wald. Das Weibchen wirft im Jahr mehrfach, und zwar bis zu 13 Junge. Feinde sind Eulen und Greifvögel.

Material

Tonkarton, sonnengelb, apricot, altrosa, tropicgrün, hellbraun
Filz- oder Lackstift, schwarz, weiß
Klebstoff

Pausen Sie die Einzelteile vom Vorlagenbogen ab, und übertragen Sie diese auf den entsprechenden Tonkarton. Nach dem Ausschneiden werden Bauch, Ohr, Schwanz und Füße von hinten am Körper der Feldmaus (durchgezogene Linie) befestigt. Den Weizen an der Vorderpfote fixieren. Das Auge können Sie mit Filz- oder Lackstift aufmalen. Schneiden Sie den Weizenhalm sechsmal aus, und kleben Sie zwei davon geknickt auf das Grasteil, bevor Sie die Feldmaus darauf befestigen.

Hirschkäfer (Bild Seite 12)

Der Hirschkäfer ist unser größter einheimischer Käfer. Er hat rotbraune Flügeldecken und einen schwarzen Vorderkörper. Die Männchen tragen große Geweihe. Der Hirschkäfer lebt meist im Eichenwald, da sich die Larven vom rottenden Holz der Eichenwurzeln ernähren. Die Larven brauchen fünf Jahre, bevor aus ihnen ein Käfer wird. Die erwachsenen Käfer ernähren sich vom Baumsaft der Eichen. Der Rückgang der Eichenwälder bedroht den Lebensraum der Hirschkäfer. Tödlich für sie sind auch die vielen Insektenvernichtungsmittel.

Material

Tonkarton, olivgrün, hellgrün, mittelgrün, braun, orange, dunkelbraun, schwarz
Lack- oder Filzstift, blau, weiß

Die Einzelteile vom Vorlagenbogen kopieren und auf den entsprechenden Tonkarton übertragen. Die Eichenblätter werden an den Blattenden zusammengeklebt. Unterlegen Sie den Vorderkörper des Hirschkäfers mit dem orangefarbenen Teil. Darauf werden seitlich die Fühler und darüber die Geweihe fixiert. Die beiden Flügelteile kleben Sie auf den Hinterkörper. Anschließend befestigen Sie den Käfer auf den Blättern. Das Auge malen Sie mit blauem und weißem Filz- oder Lackstift ein.

Molch

Die Molche verbringen den größten Teil des Jahres an Land. Zum Laichen gehen sie ins Wasser. Das Männchen lockt das Weibchen mit dem leuchtend gefärbten Rückenkamm an. Das Weibchen legt 200 bis 450 Eier, die an eine Wasserpflanze geklebt werden. Die kleinen Molche werden erst nach drei bis vier Jahren an Land geschlechtsreif. Dann kehren sie ins Wasser zurück. Auch das Überwintern erfolgt an Land.

Material

Tonkarton, mittelbraun, hellblau, lila, schwarz, orange
Lack- oder Filzstift, weiß, schwarz
Klebstoff

Übertragen Sie das Motiv vom Vorlagenbogen auf den entsprechenden Tonkarton, und schneiden Sie die Einzelteile aus. Zuerst werden die Schilfteile zusammengesetzt. Beim Molch wird auf den orangen Bauch (gestrichelte Linie) das schwarze Körperteil (durchgezogene Linie) geklebt. Daran befestigen Sie von hinten den lila Rückenkamm (Punktlinie) und den Hinterfuß. Das Auge kann mit einem schwarzen und weißen Lack- oder Filzstift eingezeichnet werden.

Laubfrosch

Der Laubfrosch erreicht eine Länge von vier bis fünf Zentimeter. Er hat eine intensive grüne Farbe. Er lebt gerne in Feuchtgebieten, in Ried und Schilf. Laubfrösche überwintern im Schlamm von Teichen und paaren sich im April und Mai. Das Weibchen legt etwa 1000 Eier, die es in Klumpen an Wasserpflanzen hängt. Die Kaulquappen werden fünf Zentimeter lang und brauchen etwa drei Monate, bis sie sich zu richtigen Fröschen entwickelt haben. Der Laubfrosch ernährt sich von Insekten.

Material
Tonkarton, dunkelgrün, grasgrün, dunkelbraun, mittelbraun, weiß
Lack- oder Filzstift schwarz, weiß
Klebstoff

Übertragen Sie die Einzelteile des Modells auf Tonkarton, und schneiden Sie diese aus. Die Blätter werden am Zweig befestigt. Der grüne Froschkörper (durchgezogene Linie) wird auf den weißen Froschkörper (gestrichelte Linie) aufgeklebt. Die mittelbraune Körperzeichnung (Punktlinie) wird vorne fixiert. Mit Lack- oder Filzstift zeichnen Sie das Auge. Der Frosch wird abschließend an dem Zweig befestigt.

Rehkitze (Bild Seiten 16/17)

Das Rehkitz hat am Körper weiße Flekken. Ab der Geburt kann es sehen und laufen, wird aber von der Mutter in den ersten Wochen im hohen Bodenwuchs versteckt. Nach einem dreiviertel Jahr wechselt das fleckige Haarkleid in ein schlichtes Rotbraun. Das Reh ist nach eineinhalb Jahren geschlechtsreif. Die Jungweibchen bleiben noch bis zum dritten Lebensjahr in der Nähe der Mutter.
Rehkitze werden oft beim Mähen der Wiesen verletzt oder getötet, da sie im hohen Gras unsichtbar sind.

Material
Tonkarton, schwarz, rotbraun, weiß, chamois, grasgrün, hellbraun, dunkelgrün, tropicgrün
Lack- oder Filzstift, weiß
Klebstoff

Fotokopieren Sie das Modell mehrfach vom Vorlagenbogen, und kleben Sie die Fotokopie auf den entsprechenden Tonkarton. Schneiden Sie alle Teile aus. Die drei verschiedenen Teile des Waldhintergrundes werden übereinandergeklebt. Auf den hellbraunen Körpern der Rehkitze befestigen Sie die rotbraunen Körperfelle (gestrichelte Linie), darauf die weißen Flecken. An Füßen, Bauch und Innenohren werden Teile in Chamois fixiert. Hufe, Schnauzen und Augen werden aus schwarzem Tonkarton geschnitten und aufgeklebt, die Unterseiten der Schnauzen sind weiß. Die Lichtreflexe in den Augen werden mit weißem Lack- oder Filzstift aufgemalt. Kleben Sie die beiden Rehkitze so auf den Waldhintergrund, als würden sie sich gerade beschnuppern.

Feldhasen

Feldhasen werden bis zu vier Kilogramm schwer. Sie leben als Einzelgänger mit Ausnahme der Paarungszeit, in der sich kleine Gruppen bilden. Zwischen Frühjahr und Herbst bringt eine Häsin drei bis vier Würfe zur Welt. Hasen brauchen einen Bewegungsraum von mindestens eineinhalb bis zwei Quadratkilometer. Sie graben keine Erdbaue, sondern benutzen verborgene Erdmulden zum Schlafen und auch als Nest. Die Jungen sind vom ersten Tag an sehend. Feldhasen sind Pflanzenfresser.

Material
Tonkarton weiß, schwarz, grasgrün, hellbraun, chamois, mittelgrau
Lack- oder Filzstift, schwarz, weiß
Klebstoff

Pausen Sie die Einzelteile vom Vorlagenbogen ab, und übertragen Sie sie auf Tonkarton. Der hellgraue bzw. hellbraune Hasenkörper (durchgezogene Linie) wird von hinten mit dem chamoisfarbenen Bauchteil beklebt. Die weißen Fellteile (Punktlinie) werden unter den Köpfen befestigt. Die schwarzen Fellteile werden an den Ohren angebracht. Die Pfoten sind weiß, das ebenfalls weiße Schwanzteil wird von hinten befestigt. Auge und Schnauze sind aus chamoisfarbenem Tonkarton geschnitten. In die Augen können Sie mit Lack- oder Filzstift Lichtpunkte und Wimpern einzeichnen. Das Grasteil wird von hinten an den Hasen befestigt.

Specht

Typisch für den Specht ist seine Haltung: daß er mit auseinandergespreizten Beinen an Bäumen hängt und Insekten aus der Baumrinde pickt. Seine Füße haben daher große Zehen mit scharfen Krallen, von denen zwei nach vorne und zwei nach hinten zeigen. Der Schwanz mit den steifen Federn dient ihm als Stütze. Der Specht hat einen starken Schnabel, den er wie einen Meißel verwendet.

Material

Tonkarton, dunkelbraun, giftgrün, ziegelrot, orange, hellgrau, schwarz, olivgrün
Lack- oder Filzstift, braun, weiß
Klebstoff

Übertragen Sie die Einzelteile auf den entsprechenden Tonkarton, und schneiden Sie sie aus. Auf den Kopf des Jungen (durchgezogene Linie) kleben Sie Schnabel, schwarzes Augenteil und rote Kopffedern, das Auge wird mit Lack- oder Filzstift aufgemalt. Das Junge wird im Astloch befestigt und von hinten mit einem schwarzen Tonkarton abgedeckt. Am Körper des Weibchens (gestrichelte Linie) Schnabel, schwarzes Kopfteil, rote Kopffedern und die olivfarbenen, schwarzen bzw. giftgrünen Körperteile fixieren. Das Auge malen Sie ebenfalls mit Lack- oder Filzstift ein. Die Krallen werden von hinten am Vogelkörper befestigt. Kleben Sie das Weibchen so an den Stamm, daß der Schnabel genau in den des Jungen paßt.

Fasane

Der Fasan ist ein Hühnervogel und eng verwandt mit anderen Feldhühnern. Die Hähne sind farbenprächtiger als die Weibchen, die sehr unauffällig gefärbt sind. Dies kommt ihren Überlebenschancen als Bodenbrüter entgegen. Fasane suchen ihre Nahrung scharrend auf dem Boden.

Material

Tonkarton, blaugrün, zitronengelb, orange, goldgelb, lila, hellbraun, pink, mittelbraun, blau, rotbraun, weiß
Lack- oder Filzstift, weiß
Klebstoff

Übertragen Sie das Modell vom Vorlagenbogen auf den entsprechenden Tonkarton, und schneiden Sie alle Einzelteile aus. Auf die Körper der Fasane (durchgezogene Linie) werden Kopf, Teile der Augen, Schnabel, Flügel- und Gefiederteile aufgeklebt. Die Krallen werden von hinten an den Körpern angebracht. Die Blüten von hinten an die Stiele kleben.
Der männliche Fasan wird in der Mitte der Blume plaziert, das pickende Weibchen davor. Die Augen können mit Lack- oder Filzstift aufgemalt werden.

Fischreiher

Fischreiher haben ein grauweißes Gefieder und werden auch Graureiher genannt. Sie ernähren sich von Fischen, Würmern und Insekten. Fischreiher stehen regungslos am Ufer und fangen mit ihrem Schnabel die Fische.

Material

Tonkarton, zitronengelb, azurblau, dunkelbraun, schwarz, hellgrau, mittelgrau, weiß
Lack- oder Filzstift, braun, weiß, grau
Klebstoff

Pausen Sie die Einzelteile vom Vorlagenbogen ab, und übertragen Sie sie auf den entsprechenden Tonkarton. Nachdem alle Teile ausgeschnitten sind, kleben Sie die Teile des Fisches auf das ausgeschnittene Wasserteil. Das Auge kann mit Lack- oder Filzstift aufgemalt werden. Am Körper des Fischreihers (durchgezogene Linie) werden von hinten Schnabel und Füße (Punktlinie) angebracht. Von vorne werden die schwarzen(gestrichelte Linie) und die mittelgrauen (Strich-Punkt-Linie) Flügelteile befestigt. Die hellgrauen und schwarzen Federteile werden ebenfalls von vorne fixiert. Der Fischreiher steht mit den Füßen im Wasser. Malen Sie noch sein Auge auf.

Ringelnatter

Die bei uns lebenden Nattern sind ungiftig. Sie verschlingen ihre Beute lebend und werden bis zu 150 Zentimeter lang. Sie leben vorwiegend in der Nähe von Gewässern, aber auch auf Wiesen und Heiden, in Steinbrüchen und Dünen. Es gibt etwa 100 Natterarten. Die Ringelnatter hat hinter dem Kopf einen deutlich abgesetzten halbmondförmigen gelben Fleck.

Material

Tonkarton, hellblau, weiß, dunkelgrün, pink, dunkelbraun, sonnengelb, krokus
Lack- oder Filzstift, schwarz, weiß, hellgrün
Klebstoff

Nach dem Übertragen der Einzelteile und dem Ausschneiden kleben Sie den krokusfarbenen Körper der Natter auf die weiße Körperunterseite (gestrichelte Linie). Befestigen Sie den gelben Unterkiefer (Punktlinie) und darauf den hellblauen Kopf. Die Zunge (Punkt-Strich-Linie) wird von hinten am Kopf fixiert. Das Auge malen Sie mit Lack- oder Filzstift auf. Jetzt müssen Sie nur noch die Ringelnatter auf dem zweiteiligen Untergrund befestigen.

Dachse

Unser Dachs ist ein kräftig gebautes Tier mit einem dicken, groben Fell. Seine Beine sind muskulös. Er hat einen ziemlich kurzen Schwanz. Auffällig ist die weiße Gesichtsmaske. Dachse verfügen über Drüsen, die stark riechende Stoffe abgeben. Sie leben in Höhlenbauten, die sie in lehmigen Böden anlegen. Die einzelnen Röhren können bis zu 30 Meter lang sein. Oft hat ein Bau bis zu zehn Ausgänge und eine Anzahl von Luftlöchern. Die Wohnhöhlen sind mit Blättern und Gras ausgepolstert. Dachse ernähren sich von Igeln, Fröschen, Schnecken, Maulwürfen, Würmern, Insekten, Früchten, Getreide und Pilzen. Im Frühjahr paaren sich die Dachse, und die Jungen kommen im darauffolgenden Frühjahr zur Welt.

Material

Tonkarton, schwarz, weiß, mittelgrau, hellbraun
Lack- oder Filzstift, braun, weiß
Klebstoff

Übertragen Sie die Einzelteile auf Tonkarton. Auf den grauen Tierkörpern (durchgezogene Linie) werden die weißen Fellteile (gestrichelte Linie) angebracht. Darauf befestigen Sie die schwarzen Teile und die Schnauze. Die Füße mit den Krallen werden von hinten am Körper fixiert. Die beiden Dachse werden überlappend in die Mitte des Geästs gesetzt.

Iltis

Der Iltis ist etwas kleiner als der Marder und wie dieser ein Landraubtier. Er hat ein dickes braunes Fell und eine weiße Kehle. Er bewohnt alte Fuchs- oder Kaninchenbauten. Der Iltis ist ein besonders guter Kletterer und schwimmt ungern. Er jagt Kaninchen oder stiehlt Hühner. Feinde wehrt er mit einem Strahl aus der Afterdrüse ab. Er ist gelenkig und schnell. Das Weibchen hat vier bis acht Junge und betreut diese allein. Das Männchen wird durch Bisse verjagt.

Material

Tonkarton, dunkelgrün, hellgrün, maigrau, petrol, blaugrün, elfenbein, rotbraun, schwarz
Lack- oder Filzstift, schwarz, weiß
Klebstoff

Pausen Sie das Motiv vom Vorlagenbogen ab, und übertragen Sie es auf den entsprechenden Tonkarton. Die kleineren Grasteile werden auf das große, dunkelgrüne Grasteil geklebt. Das rotbraune Haarkleid des Iltis (durchgezogene Linie) wird auf dem elfenbeinfarbenen Unterteil (gestrichelte Linie) befestigt. Die schwarze Schwanzspitze bringen Sie von hinten am Schwanz an. Ein Ohr wird vorne und eines hinten fixiert. Das Auge und die Schnauze können Sie mit Lack- oder Filzstift aufmalen.

Maulwurf

Der Maulwurf hat ein glänzendes schwarzes Fell, das sehr weich und samtartig ist. Sein Maul befindet sich unter einer langen beweglichen Schnauze mit einer rosafarbenen Spitze. Die sehr kleinen Augen sind im Pelz versteckt. Der Maulwurf hat einen kurzen borstigen Schwanz. Er ist für seine grabende Lebensweise mit seinen kräftigen, massiven Krallen an den Händen gut ausgestattet. Die empfindliche Schnauze ersetzt ihm unter der Erde die Augen. Die Jungen werden im April bis Mai geboren, sie sind zuerst nackt und rosa, nach fünf Wochen sind sie ausgewachsen und selbständig. Der Maulwurf hält keinen Winterschlaf. Seine Feinde sind Eulen und Bussarde. Maulwürfe sind nützliche Tiere, da sie Larven von schädlichen Käfern vernichten.

Material

Tonkarton, mittelbraun, schwarz, lila, altrosa
Lack- oder Filzstift, blau, weiß
Klebstoff

Kleben Sie zuerst das schwarze Kopfteil (durchgezogene Linie) auf das lila Unterteil. Die altrosafarbenen Grabschaufeln befestigen Sie an den Händen. Die altrosa Nasenspitze wird an der Schnauze fixiert. Malen Sie das Auge mit Lack- oder Filzstift ein, und lassen Sie den Maulwurf aus dem Schlitz des Maulwurfhügels schauen.

Kaninchen

Kaninchen haben lange löffelförmige Ohren. Im Oberkiefer haben sie zwei stiftförmige Schneidezähne. Sie sind Pflanzenfresser, sehr fruchtbar und vermehren sich ständig. Das ganze Jahr über bringen sie Junge zur Welt. Die Jungen sind bei der Geburt blind. Das Kaninchen erkennt man an seinen Spuren, denn beim Hoppeln „überholen" die Hinterläufe die Vorderläufe.

Material:
Tonkarton, pink, dunkelgrün, dunkelbraun, hellbraun, mittelbraun, schwarz, chamois
Lack- oder Filzstift, schwarz, weiß
Klebstoff

Übertragen Sie das Motiv vom Vorlagenbogen auf den entsprechenden Tonkarton, und schneiden Sie alle Einzelteile aus. Der grünen Busch (durchgezogene Linie) wird mit Blüten beklebt und auf dem hellbraunen Boden befestigt. Der Kaninchenkörper (durchgezogene Linie) wird mit dem chamoisfarbenen Bauchteil (gestrichelte Linie) hinterklebt. Auch die braunen Läufe werden von hinten angebracht. Die Ohrspitzen sind schwarz. Das Auge kann ausgeschnitten oder mit schwarzem Filzstift aufgemalt werden, den Lichtreflex nicht vergessen. Das Kaninchen und die Spuren am Boden anbringen.

Eule (Bild auf Seite 29)

Die Eule ist ein großköpfiger Raubvogel mit weichem Gefieder und kurzen Schwanzfedern. Sie hat besonders große Augen, die von Augentellern umgeben sind und nachts besonders gut sehen, sowie einen scharfen Schnabel und sehr scharfe Krallen.
Die Eule brütet in hohlen Bäumen, Felsspalten oder verlassenen Nestern von anderen Großvögeln. Eulen gelten als besonders weise.

Material
Tonkarton, chamois, hellbraun, dunkelgrau meliert, hellblau, dunkelbraun
Lack- oder Filzstift, schwarz, weiß
Klebstoff

Übertragen Sie das Fenster und die Einzelteile der Eule auf den entsprechenden Tonkarton, und schneiden Sie die Teile aus. Auf dem hellbraunen Eulenkörper (durchgezogene Linie) werden Gesicht, Bauch, Schnabel und rechter Flügel befestigt. Den linken Flügel und die Krallen bringen Sie von hinten an dem Körper an. Die Eule hat sich in einem Fensterrahmen niedergelassen.

Turmfalke

Der Turmfalke zählt zu den Greifvögeln, die ihre Beute mit den Krallen greifen. Sie jagen tagsüber. Sie können so abgerichtet werden, daß der Mensch ihr Jagdverhalten nutzt. Der Falkner hat dabei den Vogel auf einer Hand sitzen. Der Vogel bekommt eine Haube übergestülpt, die erst entfernt wird, wenn ein Beutetier in der Nähe ist. Dann fliegt der Raubvogel los, schlägt die Beute und bringt sie dem Falkner.

Material
Tonkarton, weiß, chamois, gelb, hellblau, schwarz, rotbraun
Lack- oder Filzstift, schwarz, weiß
Klebstoff

Das Motiv übertragen und ausschneiden. Bekleben Sie den chamoisfarbenen Vogelkörper (durchgezogene Linie) mit den Kopfteilen und den beiden rotbraunen Flügelteilen (gestrichelte Linie). Der Schnabel wird von hinten angebracht, ebenso das linke Flügelteil und die Krallen. Die Schwanzfedern werden mit einem schwarzen Bogenrand verziert und ebenfalls von hinten befestigt. Der rechte schwarze Flügel wird von vorne fixiert. Das Auge können Sie mit einem schwarzen Lack- oder Filzstift aufmalen. Der Turmfalke wird mit den Flügeln an der Wolke befestigt.

Feuersalamander

Der Feuersalamander ist schwarz und hat auffällige gelbe Flecken. Er lebt in feuchten Wäldern und schattigen Tälern. Er frißt Würmer, Nacktschnecken und Insekten. Er ist lebendgebärend: seine Larven legt er ins Wasser. Die Haut wird ständig mit einem Sekret befeuchtet, das durch die Hautdrüsen ausgeschieden wird. Nach dem Volksglauben soll dieses Sekret angeblich giftig sein.

Material

Tonkarton, schwarz, sonnengelb, grün, hellgrau
Lack- oder Filzstift, orange, weiß, schwarz
Klebstoff

Übertragen Sie die Teile auf den entsprechenden Tonkarton. Das grüne Teil des Steines (durchgezogene Linie) auf dem grauen Teil des Steines anbringen. Die gelben Flecken des Feuersalamanders (Punkt-Linien) kleben Sie auf den Körper. Die Augen und die Nasenlöcher werden mit Lack- oder Filzstift eingemalt. Anschließend den Feuersalamander mit den Vorderfüßen auf dem Stein und mit dem Körper und dem Hinterbein hinter dem Stein befestigen.